Einfarbige Wiedergabe eines vielfarbigen Wandbehangs.
Breite 90 cm. Material Baumwolle.

TOPP

Ernst Mühling

Das Batik-Buch

Frech-Verlag Stuttgart

ISBN 3-7724-0002-7 · Best.-Nr. 557

16. Auflage 1980
frech-verlag
GmbH + Co. Druck KG Stuttgart

Druck: Frech, Stuttgart

Inhaltsverzeichnis

Ein alter javanischer Batik (Lindenmuseum Stuttgart)

Batiken ist eine Jahrhunderte alte Technik, die aus Java stammt. Erst 1516 erfuhr man durch Reisende, es würden dort kunstvolle Batiktücher hergestellt, an denen man oft monatelang arbeite. Ende des letzten Jahrhunderts fand diese Technik Eingang ins europäische Kunstgewerbe. Batiken begeistert heute mehr denn je, weil es reizvolle Effekte zeigt und nicht schwierig zu handhaben ist.

In der klassischen javanischen Literatur spielt das gebatikte Kleid eine große Rolle. Immer wenn von prächtigen Kleidern die Rede war, meinte man das Batikkleid. Das Wort „Batik" kommt im Javanischen nur in „Ambatik" vor, was so viel wie „Zeichnen, Schreiben" heißt. Das Batikgewand war in Java einst die Kleidung der Aristokraten. Die Frau aus dem Volk webte, aber die Dame batikte. Sie hatte Zeit und verfügte über die ruhige Hand, die man zum Batiken braucht, denn das Hauswesen besorgte die Dienerschaft.

Wie die Japanerin kunstvolle Blumenarrangements macht, so batikt auch heute die gebildete Javanerin Stoffe. Dabei entwickelt sie viel Kunstsinn. In ihren stilisierten Motiven findet man die Flora des Landes, bunte Schmetterlinge und Paradiesvögel. Sie versteht es aber auch, die einzelnen Muster zu einem großen Flächendekor harmonisch zu verarbeiten.

Auf Java wird ausschließlich Baumwolle für gebatikte Kleidungsstücke verwendet. Auch bei uns bevorzugt man heute die feingewebte Baumwolle, denn glänzende Seide stört oft die künstlerische Gesamtwirkung.
Man nennt das Batiken eine Reservetechnik, da an den mit Wachs bestrichenen Stellen keine Farbe eindringen kann. Es wird mit Wachs auf weiße Stoffe gezeichnet, durch Eintauchen ins Farbbad gefärbt, wobei solche Stellen, die nicht eingefärbt werden sollen, mit Wachs abgedeckt sein müssen. Zum Schluß wird das Wachs entfernt. Während der Arbeit entstehen Bruchstellen im Wachs, in die jeweils etwas Farbe eindringt. Das ergibt die feinen Farbadern bei einer Batik; sie sind für dieses Verfahren charakteristisch.
Wachsbrüche in vielerlei Farben wirken bei manchen Motiven unruhig. Es ist daher anzustreben, bei mehrfarbigen Arbeiten nur die dunkelsten Töne als Sprünge wirken zu lassen. Das bedeutet, der Stoff darf beim Färben der hellen Töne nicht gedrückt werden.
Die Javanerin bereitet ihr Material sorgfältig vor. Der Stoff wird zugeschnitten, präpariert und bei feinen Dingen mit einem Rollsaum versehen. Auch wir müssen unseren Stoff vorbehandeln, wie wir noch sehen werden.

Ein alter javanischer Batik (Lindenmuseum Stuttgart)

Die Wahl des Stoffes

Zum Batiken eignen sich weiße Gewebe mit einer möglichst glatten Oberfläche aus Baumwolle, Leinen, Seide oder Kunstseide.
Seide hat den Vorzug, daß sie keiner Vorbehandlung bedarf; sie färbt sich auch am gleichmäßigsten. Baumwolle besitzt eine schöne matte Oberfläche, die gut zu den Farben steht. Sie eignet sich deshalb besonders für dekorative Arbeiten wie etwa den Wandbehang.
Die Wahl des Stoffes hängt davon ab, was man batiken will. Für modische Artikel wird man Seide verwenden, zum Beispiel die schmiegsame japanische Naturseide, die dicht im Gewebe ist und einen wunderschönen Glanz hat. Wir denken dabei an Schals, Kopftücher und Stolen. Auch Chiffonseide eignet sich für modische Dinge, obwohl sie nicht so gut sitzt und sich schlecht knoten läßt. Für den Wandbehang und das Deckchen wählt man Baumwolle oder Leinen. Da Baumwolle in der Struktur feiner als Leinen ist, kommen die beliebten Batiksprünge mehr zur Geltung; sie entstehen auch leichter, weil das Gewebe weicher ist. Batik auf Leinen dagegen wirkt durch seine Grobheit und Großzügigkeit. Bei diesem Material kann es notwendig werden, beim Zeichnen und Abdecken mit Wachs von beiden Seiten her arbeiten zu müssen.
Jedoch auch vom Entwurf her müssen wir das geeignete Material aussuchen. Je großflächiger der Entwurf ist, je gröber die Konturen sind, desto gröber kann auch das Material sein. Wollen wir feine Linien mit dem Tjanting ziehen, eine zarte Zeichnung herausarbeiten, so müssen wir ein Gewebe nehmen mit feiner Struktur. Ein Blütenzweig vielleicht oder zarte Vögel wirken am schönsten auf Seide.

Ein alter javanischer Batik (Lindenmuseum Stuttgart)

Die Vorbehandlung des Stoffes

Außer Seide sind fast alle Stoffe appretiert. Diese Appretur muß entfernt werden, ehe wir mit batiken beginnen können. Baumwolle hat außerdem von Natur aus eine fette Faser, die die Farbe schlecht eindringen läßt. In kochendem Wasser mit Sodazusatz (je Liter 5 Gramm) wird das Gewebe vorbehandelt. Das Soda löst Fett und Appretur und öffnet die Faser. Jetzt kann der Farbstoff aufgenommen werden. Wir können die Stoffe auch etwas bleichen, indem wir Entfärber in das kochende Wasserbad geben.

Ein Motiv wird entwickelt

Für die Gestaltung gibt es keine Vorschriften. Man kann stilisieren, abstrahieren oder naturalistisch entwerfen. Bei allen Arten muß jedoch darauf geachtet werden, daß einfach und flächig gestaltet wird.
Dem Entwurf geht die Überlegung voraus, was aus dem Batikstoff entstehen soll, z. B. ein Wandbehang oder ein modischer Artikel. Schon die Wahl des Formats ist wichtig für den Entwurf, denn das Format wird vom Zweck bestimmt.
Nehmen wir an, wir wollen einen Wandbehang entwerfen. Wir haben bereits eine Vorstellung, was darauf gestaltet werden soll: Häuser, Tiere oder Pflanzen. Für den Anfänger bietet sich eine Blume an, ein Fisch, ein Haus mit einem Baum. Auch Vögel sind ein dankbares Motiv. Wir können auch eine reine Flächenaufteilung wählen, ein Ornament mit Karos, Vierecken und Kreisen. Vor allem aber müssen wir einfache Dinge suchen.
Der erste Schritt ist die verkleinerte, maßstabgerechte Papierskizze. Beim Festlegen des Formats achte man auf ein gutes Verhältnis von der Höhe zur Breite. Ein ideales Verhältnis ist der goldene Schnitt (3 : 5,5 : 8).

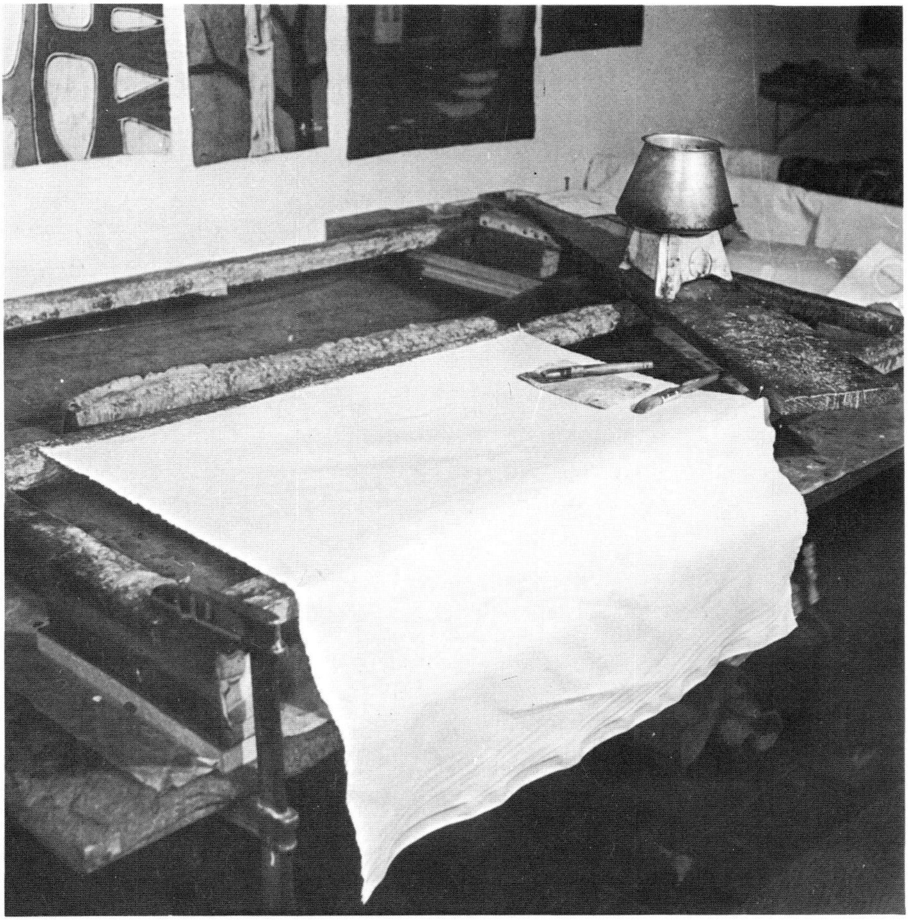

Der Stoff wird mit vier Nadeln auf den Rahmen gespannt

Es wird empfohlen, die Bleistiftskizze farbig anzulegen, damit man sieht, wie die Farben zueinander stehen.
Man kann den Entwurf aus einer Farbe entwickeln oder in Komplementärfarben anlegen. Für den Anfänger ist es einfacher, den Entwurf aus einer Farbe heraus zu entwickeln.
Entscheiden wir uns hierfür, müssen wir lediglich festlegen, was farbig werden und was weiß bleiben soll. Alle weiß zu erhaltenden Stellen müssen mit Wachs abgedeckt werden.
Der Entwurf in Komplementärfarben verlangt eine andere Überlegung: Nicht nur die weißen Linien und Flächen, sondern auch die in den Komplementärfarben angelegten müssen mit Wachs reserviert werden. Die Färbung erfolgt in jedem Fall von Hell zu Dunkel. Wir beginnnen zum Beispiel mit einem Gelb. Beim weiteren Färben wird abgedeckt, was gelb bleiben soll. Nach Gelb färben wir weiter mit Rot, decken wieder ab usw.

Der Entwurf wird auf den Stoff übertragen

Es empfiehlt sich, den Stoff vor dem Aufzeichnen des Motivs leicht auszubügeln. Ist das Weiß des Stoffes zu hart, kann man es mit Tee- oder Kaffeeresten tönen.
Wer ein wenig zeichnen kann und schon etwas geübt ist, kann die kleine, maßstabgerechte Skizze freihand auf den Stoff übertragen. Man benützt dazu einen Holzkohlestift. Diese Kohlezeichnung läßt sich später auswaschen.
Traut man sich diese Freihandübertragung nicht zu, fertigt man einen Papierentwurf im Maßstab 1 : 1 nach der kleinen Skizze an. Die Übertragung auf den Stoff kann auf verschiedene Weise geschehen.
Verwendet man eine durchsichtige Seide, wird der Stoff einfach auf die Zeichnung gelegt. Mit dem Holzkohlestift fährt man die Linien auf dem Stoff nach.

Mit einfachen Motiven, die durch ihre starke Kontrastwirkung sehr reizvoll sind, sollte der Anfänger beginnen. Je kräftiger gefärbt wird, umso lebendiger wirkt das Motiv. Hier ist nur ein Farbbad notwendig.

Eine von unten beleuchtete Glasplatte eignet sich ausgezeichnet für die Übertragung. Die Papierskizze wird auf die Glasplatte gelegt und der Stoff darauf.
Die beste Methode ist folgende: Die Entwurfslinien werden mit einer Nadel durchstochen — das kann man auch mit weiten Stichen auf der Nähmaschine machen. Für den Papierentwurf muß hartes Papier verwendet werden; sonst schließen sich die kleinen Löcher wieder. Nun fertigt man einen Pausbeutel: Ein kleines Leinensäckchen oder ein alter Perlonstrumpf wird mit zerkleinerter Holzkohle oder mit der Asche einer verbrannten Zeitung gefüllt. Bei leichtem Klopfen oder Drücken kommt der feine Puder durch die Poren des Pausbeutels. Die Zeichnung wird nun auf den Stoff gelegt und mit dem Beutel abgeklopft.

Der Stoff wird zum Wachsen aufgespannt

Ist die Zeichnung auf den Stoff übertragen, so wird er auf einen Rahmen gespannt. Man kann einen solchen Rahmen selbst basteln oder ihn in einem Fachgeschäft kaufen. Unser Bild auf Seite 39 zeigt, wie er aussieht. Er nimmt bei der Arbeit eine waagrechte Lage ein.
Beim Wachsauftragen muß der Stoff frei hängen, damit das Wachs durchdringen kann. Der Stoff wird mit wenigen Nadeln auf dem Rand festgesteckt. Man achte darauf, daß der Stoff gleichmäßig glatt und plan hängt; es dürfen sich beim Ziehen der Linien mit dem Tjanting oder dem Pinsel keine Falten bilden.
Hängt der Stoff durch, ist es fast unmöglich, eine gerade Linie zu ziehen. Als Anfänger macht man gern den Fehler, den Stoff mit zu vielen Nadeln festzustecken. Dadurch bilden sich in der gespannten Fläche leicht Unebenheiten. Auch das ergibt beim Wachszeichnen krumme Linien. Es sollte mit ein bißchen Überlegung gelingen, den Stoff mit nur vier Nadeln fest und glatt auszuspannen.

Wandbehang „Herde". Material Baumwolle. Größe 60x25 cm.

Wandbehang „Schäfer". Material Baumwolle. Größe 125x75 cm.

Modische Tücher aus Kunstseide. Auch der Anfänger kann bald solche farbenfrohen Tücher herstellen.

Freihandübertragung der Papierskizze mit einem Kohlestift auf den Stoff

Das Wachs als Reservematerial

Die Javanerin mischt das Wachs, je nachdem es die Wachszeichnung verlangt. Wir haben es einfacher, denn jedes Fachgeschäft führt Batikwachs. Man kann es sich jedoch auch selbst herstellen. Der Anteil an Bienenwachs erhöht die Geschmeidigkeit. Eine Standardmischung enthält Bienenwachs und Paraffin zu gleichen Teilen. Nehmen wir dagegen zwei Teile Paraffin zu einem Teil Bienenwachs, so entstehen die Sprünge in unserem Batik reichlicher, denn je höher der Paraffingehalt ist, desto brüchiger wird das Wachs.
Stearin ist nicht geeignet, da es einen zu niedrigen Schmelzgrad hat. Der Schmelzgrad des Wachses muß so hoch wie möglich liegen, damit man warm färben kann. Bei heißen Bädern ziehen die Farbstoffe intensiver in das Gewebe ein. Eine Temperatur von 30 bis 40 Grad C sollte das Wachs im Farbbad nicht zum Schmelzen bringen. Um jedoch ganz sicher zu gehen, prüfen wir gleich zu Beginn der Arbeit an einem Stoffrest, auf den wir einige feine und stärkere Wachslinien gezogen haben, die höchstmögliche Farbbadtemperatur. Wollen wir bei niedriger Temperatur dieselbe Farbintensität erreichen, so müssen wir mehr Farbstoff zusetzen.
Hartes Wachs hat einen hohen Schmelzgrad. Man prüft die Härte des Wachses durch Eindrücken des Fingernagels. Kolophonium macht das Wachs spröde und ist als Zusatz besonders für solche Batiken geeignet, bei denen die zarten Verästelungen ein wesentlicher Teil des Motivs sind.

So wird das Wachs erhitzt

Alle nicht offenen Feuerstellen eignen sich dafür, am besten eine geschlossene elektrische Wärmeplatte. Als

Das ist der ideale Wachstopf mit dem nach unten sich verbreiternden Mantel aus Blech. Herunterfließendes Wachs kann nicht auf die Kochplatte tropfen.

Grundregel sollte gelten, Wachs nie auf einer offenen Flamme zu erhitzen, da es leicht brennbar ist und daher eine Gefahr bedeutet.
Das Erhitzen muß überwacht werden; man kann deshalb mit der höchsten Heizstufe beginnen. Bei zu hoher Temperatur raucht das Wachs. Dabei verbrennt das Fett im Wachs, das später das Gewebe gegen den Farbstoff abschirmen soll. Es deckt nicht mehr. Außerdem verkohlen bestimmte Teile und verstopfen beim Zeichnen das Ausgußröhrchen des Tjantings. Überhitztes Wachs erkennt man daran, daß es beim Zeichnen schäumt; es läuft aus.
Verläßt man auch nur für einen Augenblick den Raum, so muß die Heizplatte abgeschaltet werden. Noch etwas: Brennendes Wachs darf nie mit Wasser gelöscht werden. Die Flamme muß durch Abdecken erstickt werden.
Zum Erhitzen nimmt man am besten einen aus einem Stück gezogenen Aluminiumtopf. Kupfertöpfe oxydieren durch die im Wachs enthaltenen Fettsäuren und gehen deshalb rasch kaputt. Dagegen eignet sich Emaille so gut wie Aluminium.
Sehr praktisch ist ein Wachstopf mit einem Mantel, der nach unten breiter wird. Übergetretenes oder herunterfließendes Wachs kann nicht auf die Heizplatte gelangen; auch erhält der Wachstopf dadurch eine größere Standfestigkeit. Um die Gefahr des Herunterstoßens zu vermindern, verwende man keinen Topf mit Stiel.
Heißes Wachs bedeutet eine Gefahr! Der Topf muß deshalb stets beobachtet werden. Dies fällt besonders dem Anfänger schwer, der sich auf seine Zeichnung und die Technik konzentrieren muß. Es ist schon vorgekommen, daß Anfänger weltvergessen mit Pinsel und Tjanting an ihrem Entwurf hantierten und nicht einmal merkten, wie sich das Zimmer mit Qualm füllte.
An anderer Stelle wurde bereits gesagt, die Batiktechnik erlaube eigentlich keine Korrekturen. Ist es trotzdem einmal nötig geworden, einen kleinen Fehler zu ver-

Skizze für einen Wandbehang in Negativtechnik. Nach einer kleinen Handskizze läßt sich ein solches Motiv direkt mit Wachs auf den Stoff zeichnen. Man färbt mit einer kräftigen Farbe, um eine lebendige Negativwirkung zu erzielen.

bessern, so gehe man folgendermaßen vor: Der Stoff wird vom Rahmen heruntergenommen und zwischen Lösch- oder Zeitungspapier gelegt. Mit einer heißen Stricknadel oder Messerspitze löse man die unerwünschten Wachslinien aus dem Gewebe. Handelt es sich um eine Fläche, so kann man auch das Bügeleisen dazu verwenden.
Man wird dies einige Male wiederholen müssen, um den Strich oder die Fläche restlos zu entfernen. Anschließend wische man mit einem Lappen darüber, der mit Waschbenzin getränkt ist. Man sollte an dieser Stelle kein Wachs mehr auftragen. Eine gleichmäßige Farbaufnahme ist natürlich in Frage gestellt.

Das Zeichnen mit dem Tjanting

Das Wachskännchen heißt in Java Tjanting. Ohne ihn ist die Batiktechnik nicht denkbar. Der kleine Behälter dient zur Aufnahme des flüssigen Wachses. Er besteht aus dünnem Kupferblech, das beim Eintauchen in heißes Wachs sofort dessen Temperatur annimmt. Vorne ist ein kleines Ausgußröhrchen angelötet; mit ihm wird gezeichnet. Die Strichstärke hängt vom Durchmesser des Röhrchens ab; es gibt etwa acht verschiedene Größen. Bei feinen Arbeiten zieht man die Wachslinien etwa einen Millimeter stark.
Die Tjantinglinien sind für die Batiktechnik ebenso charakteristisch wie die feinen Farbadern. Obwohl inzwischen manches Ersatzgerät, selbst elektrische Apparate dafür erfunden wurden, ist die Urform des javanischen Tjantings noch immer unübertroffen.
Ein altes javanisches Rätsel fragt: Er hat den Kelch einer Blume, den Schnabel eines Raubvogels, fünf folgen ihm über das weite Feld; er läßt überall Blutspuren zurück. —
Wer ist gemeint?

Die linke Hand hält den Lappen zum Aufsetzen des Wachskännchens griffbereit

Die fünf sind die Finger, die den Tjanting führen, die Blutspuren die Wachslinien, das weiße Feld ist der Baumwollstoff. Der Kelch dient zur Aufnahme des flüssigen Wachses, mit dem Schnabel ist das feingebogene Röhrchen gemeint.

Schon nach kurzer Übung gibt es keine Wachskleckse mehr. Das regelmäßige Füllen des Wachskännchens erscheint recht sinnvoll als Wechselbewegung für die Hand, die beim Batiken frei und ohne Stütze arbeiten muß. Der Tjanting wird durch Eintauchen in das flüssige Wachs gefüllt. Beim Herausnehmen setzt man ihn auf einen Lappen auf, damit das Wachs nicht herausfließen kann. Er wird nicht bis zum Rand gefüllt, sonst läuft das Wachs beim Zeichnen über.

Der Tjanting bleibt auf dem Lappen, den man in der linken Hand hält, bis man damit zu zeichnen beginnt. Die richtige Haltung ergibt sich schon nach kurzer Übung. Leicht schräg halten, den Tjanting nicht auf den Stoff pressen, sonst fließt das Wachs nicht heraus. Die linke Hand mit dem Läppchen bleibt beim Arbeiten in unmittelbarer Nähe der rechten, damit am Ende des Striches das Röhrchen aufgesetzt werden kann.

Der Tjanting erfordert ein möglichst gleichmäßiges Arbeitstempo. Eine Unterbrechung erfordert viel Geschick, wenn sie ohne Kleckse erfolgen soll.

Hat man das Wachskännchen ausgebraucht, wird das restliche Wachs ausgegossen. Ein Auskratzen erübrigt sich, denn beim Wiederaufnehmen der Arbeit schmelzen die Reste im flüssigen Wachs. Das Röhrchen ist vorsichtig zu behandeln; es ist nur angelötet und bricht auch bei kleinster Kraftanwendung sofort ab. Deshalb sollte man den ausgebrauchten Tjanting zum Erkalten auf einen Lappen legen. Erkaltet er auf einem harten Gegenstand und klebt daran fest, so kann beim Lösen das feine Röhrchen abbrechen. Von einem Lappen können wir ihn leicht ablösen, weil sich der Stoff bewegen läßt.

Eine Batik mit gegenstandslosem Motiv

In der Mitte Weiß, dann von Gold nach Orange bis ins dunkle Rot gefärbt

60 x 180 cm

Das Röhrchen kann verstopfen, wenn Staubteilchen ins Wachs gefallen sind oder Faserteilchen, die sich von der Stoffoberfläche gelöst haben. Auch verkohlte Wachsreste können die Ursache sein. Man durchstößt es dann vorsichtig mit einem ganz feinen Draht. Die Javanerin bläst durch das dünne Röhrchen, was aber nicht zur Nachahmung empfohlen wird.
Am besten prüft man die Breite des Striches auf einem Stoffrest. Ein verstopfter Tjanting wird zu dünn zeichnen. Es wäre ärgerlich, beim Färben zu entdecken, daß bestimmte Stellen ungenügend abgedeckt waren.
Wünscht man absolut weiße Linien, das heißt will man Wachssprünge ausschalten, so fahre man diese Linien ein zweites Mal mit dem Tjanting nach.
Selbstverständlich muß das Wachs die richtige Temperatur haben. Man kann sie nicht genau angeben, da jedes Wachs einen anderen Schmelzpunkt hat. Zur Probe trägt man einen Pinsel- oder Tjantingstrich auf ein Stoffmuster auf und beobachtet, ob das Wachs durchgeschlagen hat. Ist das Wachs zu kalt, werden die Tjantinglinien zu dünn; ist es zu heiß, werden sie breiter, als die Tjantingstärke angibt.

Das Malen mit dem Pinsel

Zum Zeichnen kräftiger Linien und zum Ausmalen von Flächen eignen sich Borstenpinsel, die es in verschiedenen Stärken gibt. Tierische Haarpinsel sind nicht zu empfehlen; sie würden im flüssigen Wachs sofort versengen.
So arbeitet man mit dem Pinsel: Man taucht ein, tippt beim Herausnehmen mit der Pinselspitze leicht an die Innenkante des Gefäßes, damit das überschüssige Wachs nach innen abläuft und nicht unterwegs abtropft. Auf keinen Fall darf der mit flüssigem Wachs getränkte Pinsel ausgeschüttelt werden, wie man das beim

Die stärkeren Konturen und die Flächen werden mit dem Pinsel gewachst

Aquarellieren macht, wenn man zu viel Farbe aufgenommen hat.
Das Wachs wird genügend dick aufgetragen. Dabei muß man beachten, daß es den Stoff durchdringt und nicht nur an der Oberfläche sitzt. Wenn wir die Rückseite ansehen, können wir es leicht feststellen. Bei Seide und anderen dünnen Stoffen ist es kein Problem. Bei dicken, festen Stoffen werden wir oftmals auch auf der Rückseite wachsen müssen.
Ist der Pinsel ausgebraucht, legt man ihn zur Seite, ohne das inzwischen erkaltete Wachs zu entfernen. So kann er bis zum nächsten Mal liegen bleiben. Keinesfalls darf man den wachsgetränkten Pinsel drücken, da die steif gewordenen Borsten brechen würden. Beim nächsten Gebrauch hängt man den Pinsel so lange in das heiße Wachs, bis die Borsten von den alten Wachsresten befreit sind.

Das Farbbad

Batikfarben müssen bei niedriger Temperatur färben und doch eine hohe Licht- und Waschechtheit besitzen. Etwa dreißig leuchtende, lichtechte Farbtöne stehen uns zur Verfügung. Sie sind untereinander mischbar, so daß individuelle Wünsche leicht erfüllbar sind. Die Batikfarben sind in kleinen Mengen erhältlich. Eine Gebrauchsanweisung liegt jeder Packung bei. Das Verhältnis von Stoff- und Farbmenge ist gewöhnlich 1 : 30, das heißt für 100 Gramm Stoff wird ein Farbbad von 3 Litern benötigt.
Weiß man bereits, mit welchen drei oder vier Grundfarben man arbeiten will, so setzt man zunächst eine konzentrierte Lösung von jeder Farbe an. Dazu brauchen wir ein kleines Porzellan- oder Emaillegefäß und kochendes Wasser zum Anrühren. Dieses Konzentrat wird durch ein angefeuchtetes, gebrauchtes, poröses Tuch

gegossen, damit selbst kleinste Körnchen zurückgehalten werden. Nun stellen wir es beiseite oder füllen es in kleine, gut verschließbare Industrieflaschen ab.

Für das Farbbad selbst verwenden wir ein Gefäß aus Glas, Porzellan, Emaille, Plastik, nicht aber aus Zink. Zink oxydiert durch den Zusatz von Essig und Salz. Häßliche Metallflecken entstünden, die nicht wieder zu entfernen wären. Das Gefäß soll so groß sein, daß der Stoff darin bewegt werden kann und ganz vom Farbbad bedeckt wird, ohne zusammengedrückt zu werden. Das Konzentrat wird hineingeschüttet. Nun wird warmes Wasser, etwa 30—40 Grad C, zugegossen. Die Wärme des Farbbades hängt vom Schmelzpunkt des Wachses ab. Es gibt Wachse mit einem Schmelzgrad von 70 Grad. Je intensiver die Farbe sein soll, um so konzentrierter muß das Farbbad sein. Hellere Töne erhält man durch Verdünnen mit Wasser. Den Farbtonwert prüft man durch Eintauchen eines Stoffrestes vom gleichen Material, wobei man jedoch bedenken muß, daß im nassen Zustand die Farbe stets dunkler wirkt.
Der trockene Stoff würde die Farbe nicht gleichmäßig annehmen. Er wird deshalb vorher in kaltes oder lauwarmes Wasser getaucht. Anstelle des Ausdrückens läßt man den Stoff lediglich abtropfen. Wie Sie bereits wissen, würden durch das Ausdrücken Wachssprünge entstehen, die nachher als dünne Linien oder Adern auf dem Stoff erscheinen.
Der abgetropfte, jedoch völlig durchnäßte Stoff wird nun in das Farbbad gelegt, das ihn ganz bedecken soll. Je mehr wir ihn hin und her bewegen, desto gleichmäßiger wird die Färbung. Nach 20 bis 30 Minuten, unter Umständen auch früher, wird der Stoff aus dem Farbbad genommen, gespült und getrocknet. Den erzielten Farbton kann man ungefähr feststellen, wenn man ein Stückchen Stoff zwischen Daumen und Zeigefinger auswringt.

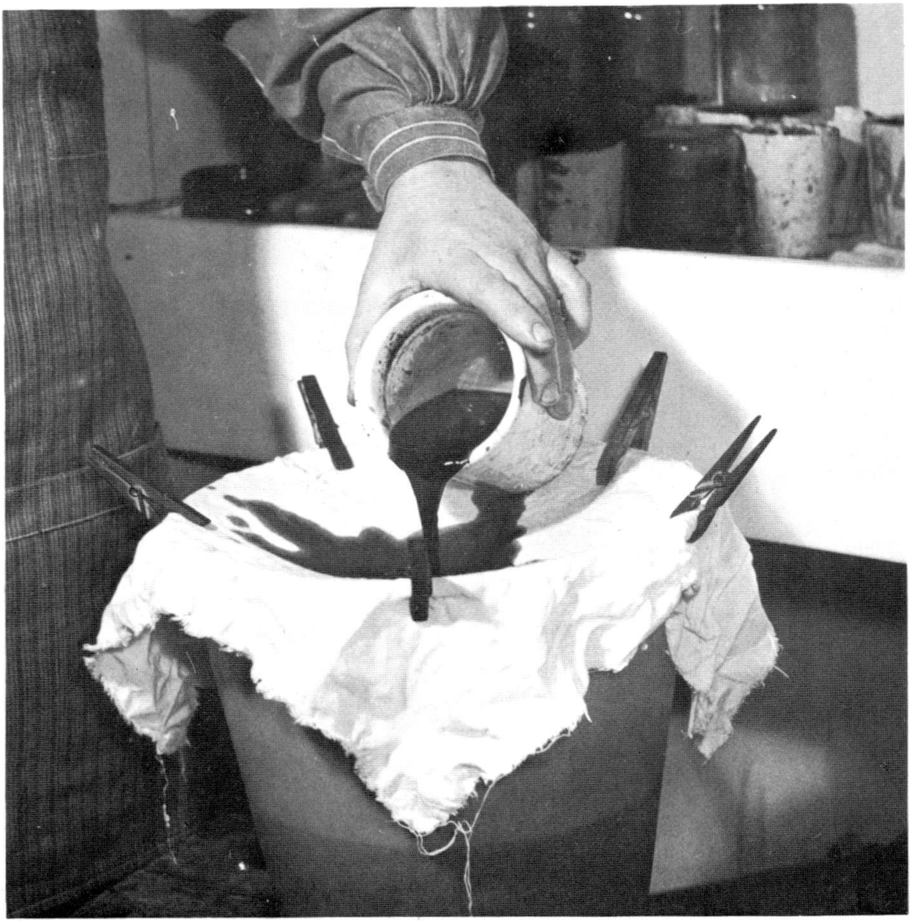

Das Farbkonzentrat wird durch einen angefeuchteten porösen Stofflappen in das Wasserbad gesiebt

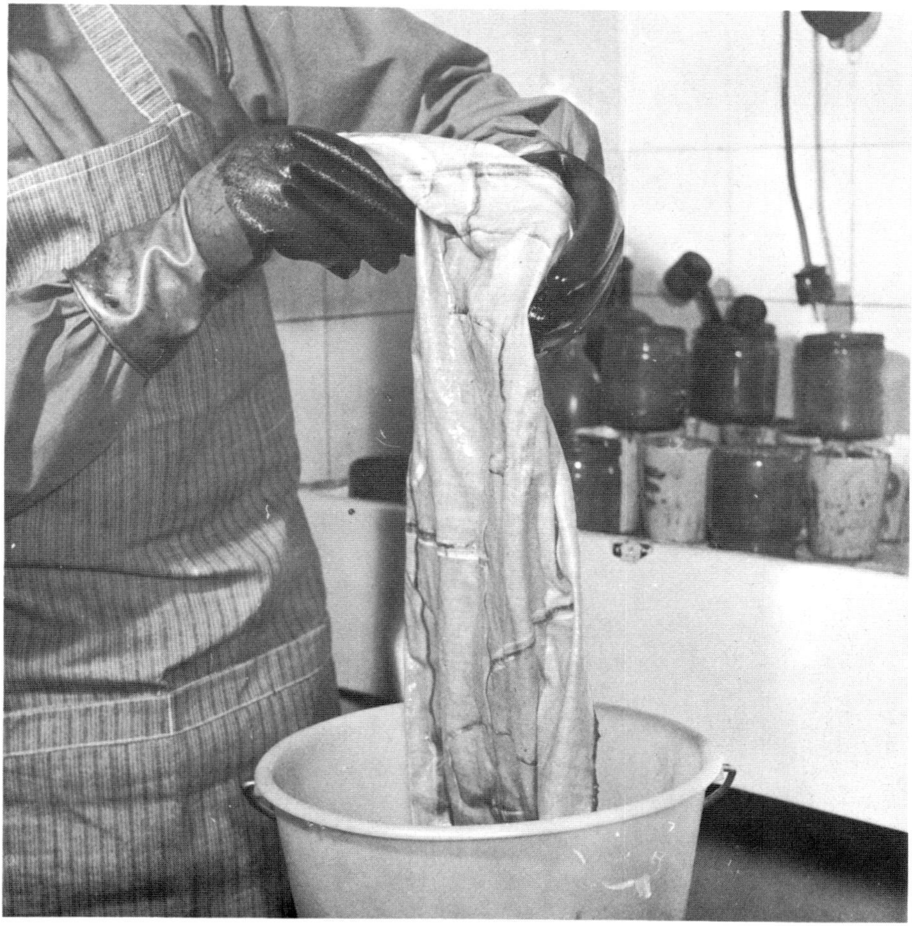

Der genäßte Stoff wird in das Farbbad getaucht

Der Batik entsteht — Wachsen und Färben

Die einfachste Form des Batik ist diese: Ein Motiv wird mit Wachs auf den vorbereiteten Stoff gezeichnet. Danach wird dieser in ein blaues oder rotes Farbbad gelegt. Nachdem das Wachs entfernt ist, haben wir das weiße Schmuckmotiv auf blauem oder rotem Grund. Man wird erstaunt sein über die Wirkung: Die feinen Tjantinglinien und die mit Farbadern durchzogenen Flächen machen selbst das einfache Motiv lebendig.

Entwickeln wir nun ein Motiv aus Gelb, Rot und Dunkelbraun: Zuerst wird gewachst, was weiß bleiben soll. Nach dem gelben Farbbad decken wir alle diejenigen Stellen mit Wachs ab, die wir gelb lassen wollen, dasselbe geschieht nach dem roten Bad. Was weiß erhalten werden soll, bleibt durch alle Farbgänge mit Wachs bedeckt. Dem braunen Farbbad könnten wir dann noch ein Dunkel- oder Marineblau beigeben und erzielten damit als letzten Ton eine satte dunkle Farbe. Prinzip bei dieser Methode ist: Farben, die erhalten werden sollen, müssen jeweils vor dem nächsten Färben mit Wachs abgedeckt werden.

Anders müssen wir vorgehen, wollen wir ein Motiv in Komplementärfarben herausarbeiten. Angenommen, wir färben in Gelb, Blau und Rot. Vor dem ersten Färben mit Gelb werden alle Teile gewachst, die kein Gelb enthalten dürfen. Ist der Farbgang beendet, wird das Wachs entfernt und diejenigen Stellen werden gewachst, die keine blaue Farbe erhalten sollen, also die gelben und roten Teile. Gefärbt wird dagegen, was blau, violett und braun werden darf. Die weißen Stellen bleiben auch bei dieser Methode alle Farbbäder hindurch abgedeckt. Beim dritten Wachsen endlich werden die gelben, blauen und grünen Teile reserviert, und es folgt das rote Farbbad. Wunderschön wirkt bei einer vielfarbigen Batik die Abstufung der dunklen Farbtöne, wie sie durch das Überfärben entsteht.

Wandbehang „Auf der Brücke". Material Baumwolle. Größe 130x60 cm.

Moderne Schals aus Kunstseide mit lebhaften Motiven, die nicht schwer zu entwickeln sind.

Schließlich kann man noch mit einem Entfärber arbeiten. Vielleicht haben wir ein Motiv in den Farben Weiß und Rot entwickelt und möchten nun gern noch ein Grün hineinbringen. Aber Grün auf Rot, das geht nicht; es würde ein Braun oder Schwarzbraun entstehen. Wir helfen uns, indem wir alle Teile bis auf diejenigen, die wir später grün färben wollen, mit Wachs abdecken und den Batik in einem Entfärberbad behandeln. Anschließend können wir die Grünfärbung durchführen. Bestimmte Teile können mit Wachs reserviert und die übrigen mit Braun überfärbt werden. Wir verweisen auf unsere Abbildung auf Seite 47, „Gänseliesel".
Es braucht übrigens nicht bei jedem Farbgang ein neues Bad bereitet werden, vielmehr wird dem gelben Bad das Rot und dem roten das Braun zugesetzt. Wir müssen jedoch das Farbbad jeweils wieder erwärmen.
Es ist ratsam, Wachsabdeckungen, die mehrere Farbbäder durchmachen, zwischendurch zu erneuern, damit sie nicht zu dünn werden. Die Wärme der Bäder greift das Wachs an. Das gilt vor allem für die weißen Teile. Eine Blüte zum Beispiel oder eine Linie, die rein weiß und nicht durchbrochen sein sollten, müssen auf jeden Fall zweimal gewachst werden.
Der Umgang mit konzentriertem Farbstoff hinterläßt Spuren. Daher eignet sich eine Waschküche oder eine Küche am besten fürs Batiken. Den Boden decken wir mit Papier ab. Uns selbst schützen wir mit Gummihandschuhen und einer großen Schürze. In der Regel lassen sich die Hände mit Zitrone, Seife und warmem Wasser wieder reinigen. In jedem Fall hilft warmes Wasser mit Entfärberzusatz.
Der Stoff darf nicht mit fettigen Händen angefaßt werden. Solche Stellen nähmen die Farbe schlechter an; sie erschienen nach dem Färben heller und das Ganze wirkte dadurch fleckig.
Die Intensität der Färbung hängt ab von Temperatur, Konzentration und Dauer des Farbbads. Von Fall zu

„Pfingsten"

Muster einer einfarbigen Batik mit verschiedenen Tonwerten. Das erste hellrote Farbbad wird von Bad zu Bad dunkler gefärbt. So entstehen, auch durch Übereinanderfärben, viele rote Farbtöne, die ein sehr harmonisches Gesamtbild geben.

Fall können wir hier etwas variieren. Nach jedem Farbgang wird der Stoff in kaltem Wasser so lange gespült, bis das Wasser klar bleibt. Ist die Färbung nicht stark genug ausgefallen, so kann man sie wiederholen. Eventuell wird man neuen Farbstoff zusetzen müssen, denn jedes Färben entzieht dem Bad Farbstoff.
Es wird von Hell nach Dunkel gefärbt. Immer muß das Wachs kalt und hart geworden sein, ehe man weiterfärben kann.
Ist die Färbung beendet, sollte sie fixiert werden. Es gibt zu jeder Markenfarbe das entsprechende Mittel im Handel. Auf diese Weise wird die Waschechtheit erhöht.
Das Farbbad kann mehrmals verwendet werden. Es darf aber nur in Industrieflaschen aufbewahrt werden, keinesfalls in Trinkflaschen! Die Flasche wird eindeutig etikettiert: Farbton, Farbnummer und Datum. Ehe wir es wieder verwenden, machen wir einen Versuch auf seine Brauchbarkeit mit einem Stofffleckchen.

Die charakteristischen Batiksprünge

Diese feinen Linien haben viele Namen; sie werden Sprünge, Brüche, Adern und Krakeluren genannt. Durch sie unterscheidet sich Batik von jedem Stoffdruck. Beim Färben wird der Stoff gedrückt, und das Wachs bekommt leichte, unregelmäßige Sprünge, mehr oder weniger tief. Durch das Eindringen von Farbe entstehen feine Adern, die eine glatte Fläche sehr lebendig machen.
Beim Färben der hellen Töne wird der Stoff möglichst wenig gedrückt, damit keine Farbe eindringen kann. Bei den dunklen Farben dagegen, vorzugsweise bei Blau, Moosgrün und Braun, lassen wir diese feinen Äderchen entstehen, indem wir den Stoff im Farbbad leicht zu-

sammendrücken. Bei kleinen Batiken bilden sich diese Sprünge meist nicht so reichlich, weil das kleine Stück Stoff im Farbbad nicht viel gedrückt wird. Hier kann man etwas nachhelfen, indem man beim Wässern vor dem Farbbad den Stoff absichtlich etwas drückt.
Will man bei großen Batiken ein ruhiges Sprungbild erzielen, benützt man für das Farbbad ein großes Gefäß. Auf diese Weise wird der Stoff wenig geknittert.
Über die Änderung der Wachsmischung haben wir in anderem Zusammenhang schon gesprochen: man nimmt mehr Bienenwachs und weniger Paraffin. Außerdem untersuchen wir vor jedem neuen Färben den alten Wachsauftrag nach Sprüngen und wachsen gegebenenfalls ein zweites Mal darüber.

Das Wachs wird entfernt

Ein spannender Augenblick steht bevor. Wie wird die Arbeit aussehen, wenn das Wachs entfernt ist?
Die dick aufgetragenen Wachsflächen sollte man zunächst mit einem stumpfen Messer abkratzen. Zum Ausbügeln bettet man den Batik in Zeitungspapier ein; eine Schicht Zeitungen kommt darunter, eine andere darüber.
Wer die Möglichkeit hat, sich unbedrucktes Zeitungspapier zu beschaffen, sollte dies tun, da größere schwarze Druckflächen immer etwas Farbe abgeben. Fließpapier ist natürlich empfehlenswert, aber teurer. Man braucht eine ganze Menge.
Farbig bedruckte Zeitungen nehmen wir nicht, denn bunte Druckfarbe schmiert leicher als schwarze. Illustrierte Zeitungen können wir ebenfalls nicht verwenden; das satinierte Papier nimmt das Wachs nicht auf.
Es kann mit sehr heißem Eisen gebügelt werden, und zwar des öfteren. Dazu muß immer wieder neues Zeitungspapier genommen werden. Wir bügeln von beiden

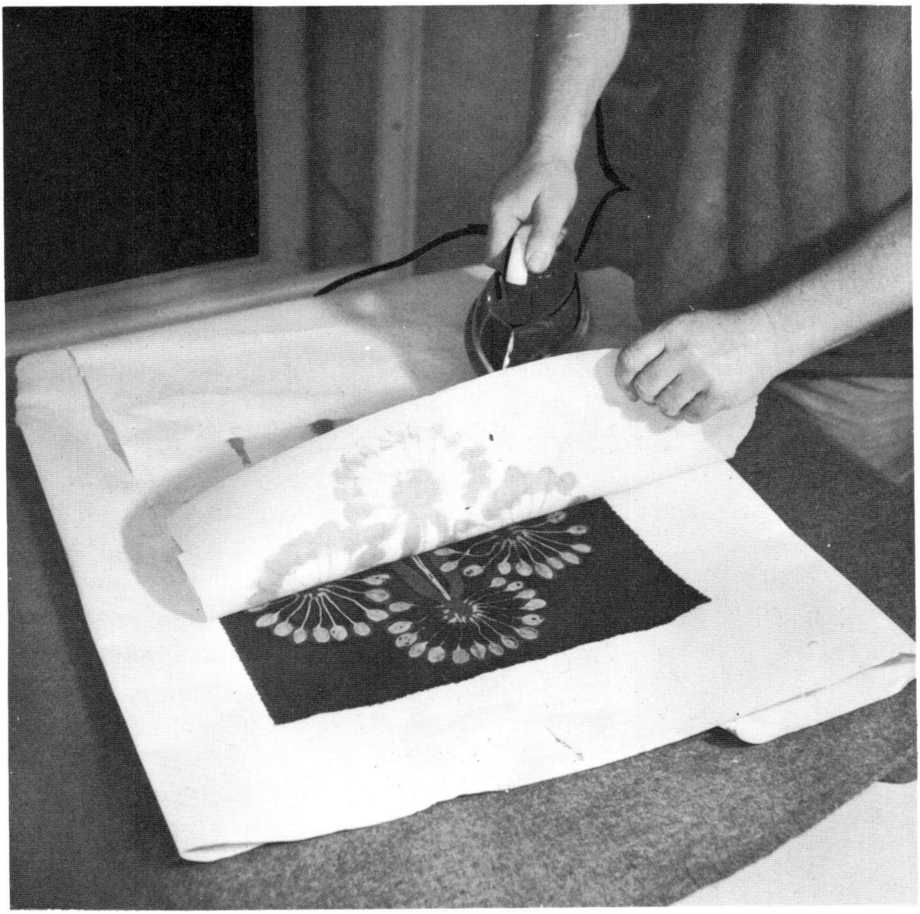

Entwachsen mit dem Bügeleisen

Seiten, bis alles Wachs geschmolzen und abgesaugt ist. — Das Bügeleisen darf allerdings nicht so heiß sein, daß es das Papier versengt.
Ist es nicht gelungen, durch Ausbügeln das Wachs restlos zu entfernen, so ist es ratsam, den Stoff kurz in Waschbenzin zu legen. Das restliche Wachs löst sich dadurch. Zweckmäßiger als Waschbenzin ist die Verwendung von Tetra-Chloräthylen, da dieses nicht so feuergefährlich ist.
Bei einem Wandbehang ist eine leichte Steifheit geradezu erwünscht. Er hängt dann schön glatt und ist nicht so lappig. Bei modischen Artikeln jedoch muß der Stoff geschmeidig sein. Dies kann oft nur durch ein solches Bad erreicht werden.
Beim Behandeln mit Waschbenzin oder Tetra-Chloräthylen soll der Stoff nicht gedrückt werden. Man bewegt ihn lose in der Flüssigkeit, wringt ihn nicht aus, sondern zieht ihn naß heraus und trocknet ihn an der Luft, damit der Geruch verfliegt. Bügeln braucht man ihn in der Regel nicht mehr. Die leichten Knitter, die beim letzten Behandlungsbad entstehen, hängen sich aus.
Man kann es sich natürlich auch einfach machen und das ganze Stück in eine chemische Reinigung geben. Dort wird es vermutlich in Waschbenzin gelegt, was man ja auch selbst tun könnte. Da dieses Bad außerordentlich feuergefährlich ist, sollte man es im Freien oder wenigstens am offenen Fenster durchführen. Auch im weiteren Umkreis darf kein offenes Feuer sein. Bleiben die gewachsten Stellen im Benzinbad hart, erweicht man sie durch Reiben.

Bei späterem Waschen von modischen Artikeln sollte man Tetra-Chloräthylen oder Waschbenzin verwenden. Will man sie mit einem Waschmittel behandeln, so muß man vorher prüfen, ob keine Farbe ausläuft. Die Waschlauge sollte kalt sein.

Das braucht man zum Batiken

Verstellbarer Rahmen zum Aufspannen des Stoffes

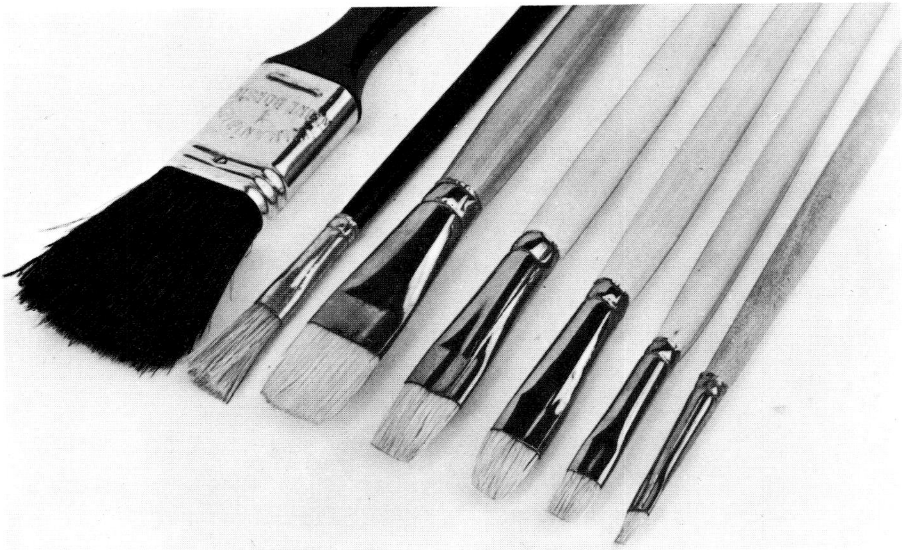

Borstenpinsel verschiedener Stärke

Rahmen zum Aufspannen des Stoffes. Man kann ihn selbst herstellen. Fertige Rahmen gibt es in den Fachgeschäften in verschiedenen Größen.
Einen Holzkohlestift zum Aufzeichnen des Entwurfs auf den Stoff.
Elektrische Kochplatte und einen Emaille- oder Aluminiumtopf für das Flüssigmachen des Wachses.
Borstenpinsel in verschiedenen Stärken. Für den Anfang genügen drei Pinsel: ein spitzer zum Zeichnen der Konturen, ein breiterer für stärkere Linien und ein noch breiterer zum Ausmalen der Flächen.

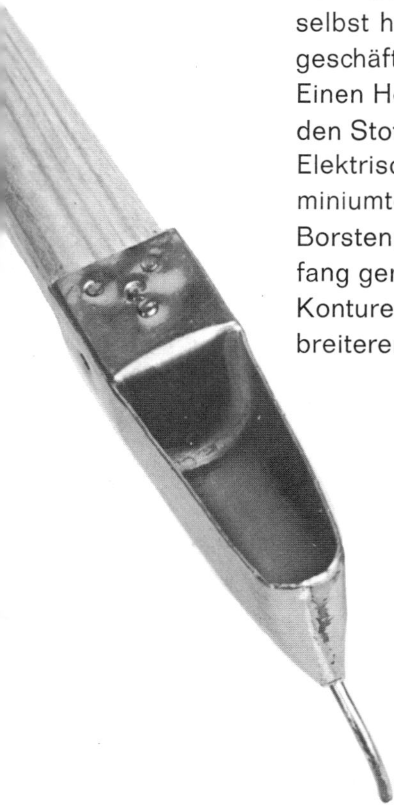

Wachskännchen oder Tjanting zum Zeichnen gleichmäßiger Linien. Es gibt ungefähr acht verschiedene Strichstärken.
Wachs. Eine Mischung von Bienenwachs und Paraffin. Spezielles Batikwachs kann man fertig kaufen.

Farben. Etwa dreißig verschiedene Farbtöne sind in kleinen Mengen erhältlich. Eine Packung reicht für 100 bis 150 Gramm Stoff.
Einen kleinen Topf aus Porzellan, Glas oder Plastik zum Anrühren der Farben.
Ein größeres Gefäß aus Glas, Porzellan, Plastik oder Emaille, jedoch nicht aus Metall, zum Färben.
Ein Thermometer.
Lösch- oder Zeitungspapier, zwischen das der Stoff beim Ausbügeln gelegt wird.
Ein elektrisches Bügeleisen zum Entwachsen des Stoffes.
Waschbenzin oder Tetra-Chloräthylen zum Entfernen von Wachsresten.

Wandbehang „In der Gasse". Material Baumwolle. Größe 60x90 cm.

Wandbehang „Früchte". Material Baumwolle. Größe 80x85 cm.

Entwicklung eines Batik mit zwei Färbungen. Material Kunstseide. Größe ca. 35x35 cm.

Nach dem ersten Farbbad. Das Bild zeigt deutlich die mit Wachs abgedeckten Flächen; sie haben keine Farbe angenommen.

Der Fisch soll auf einem begrenzten dunklen Hintergrund stehen. Das Bild zeigt die zweite Wachsabdeckung; die dunkel zu färbende Fläche blieb ungedeckt.

Nach dem blauen Farbbad.

So sieht der entwachste Batik aus.

Wandbehang „Vogelpaar". Material Baumwolle, Größe 30x30 cm. Arbeitsbeschreibung auf Seite 44.

Wandbehang „Gänseliesel". Material Baumwolle. Größe 30x30 cm. Arbeitsbeschreibung auf Seite 46.

Wandbehang „Vogelhaus". Material Baumwolle. Größe 35x75 cm. Arbeitsbeschreibung auf den Seiten 42 und 43.

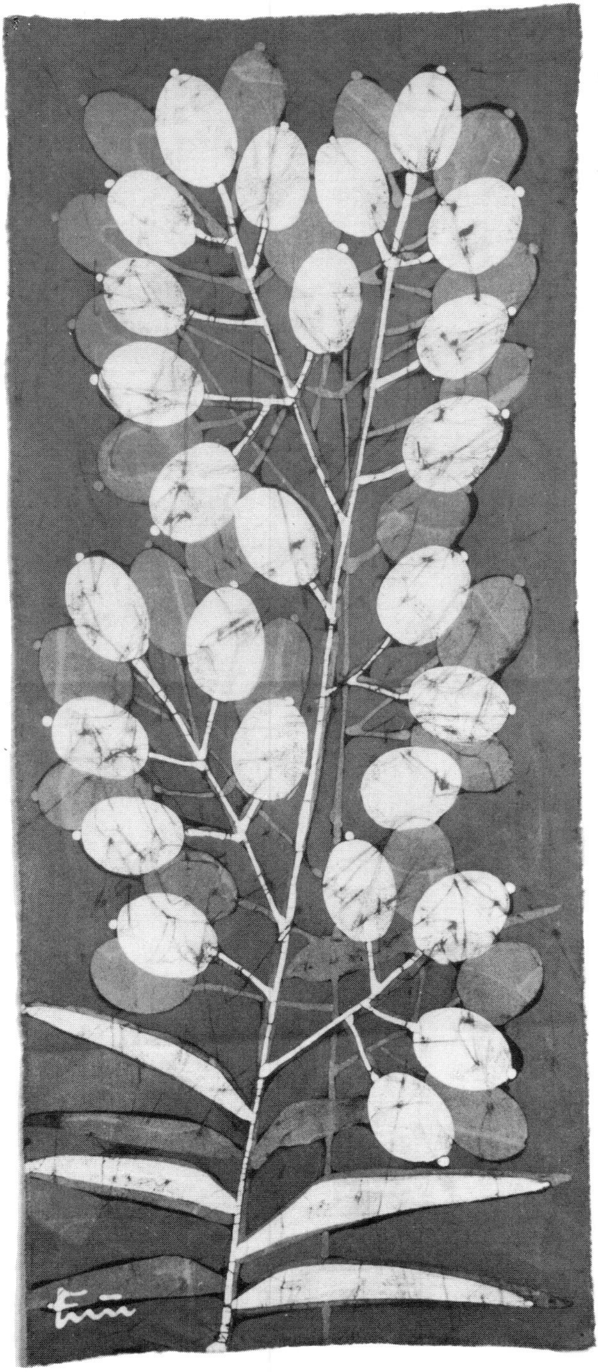

Thema „Mondviole“
Blüten teils Weiß, teils Gold bis Kupfer

40 x 120 cm

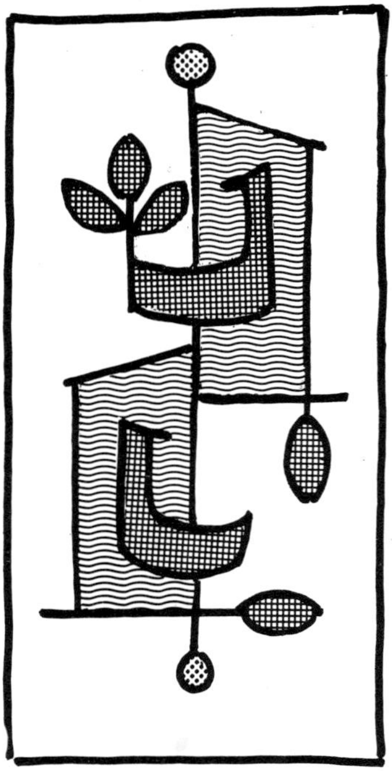

Schematische Darstellung eines Batik, von Ton zu Ton entwickelt

Erste Wachsabdeckung: Die Konturen der Vogelhäuschen und Blätter sowie die beiden Kugeln oben und unten werden mit dem Pinsel, die Vögel mit dem Tjanting gewachst. Danach hellrotes Farbbad. Zweite Wachsabdeckung: Die Vogelhäuschen bleiben hellrot und werden deshalb mit Wachs reserviert. Es folgt die dunkelrote Färbung.
Dritte Wachsabdeckung: Die Vögel und Blätter bleiben dunkelrot und werden vor dem blauen und letzten Farbbad gewachst.

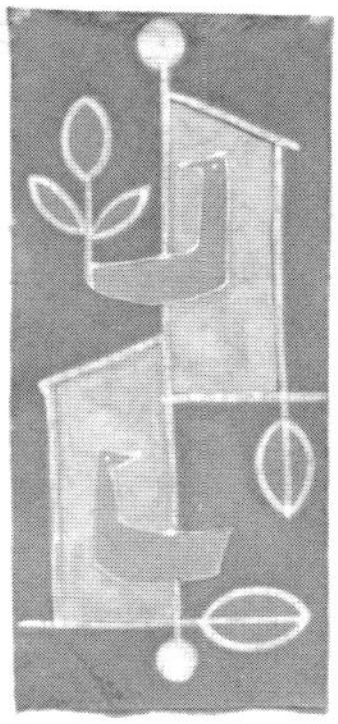

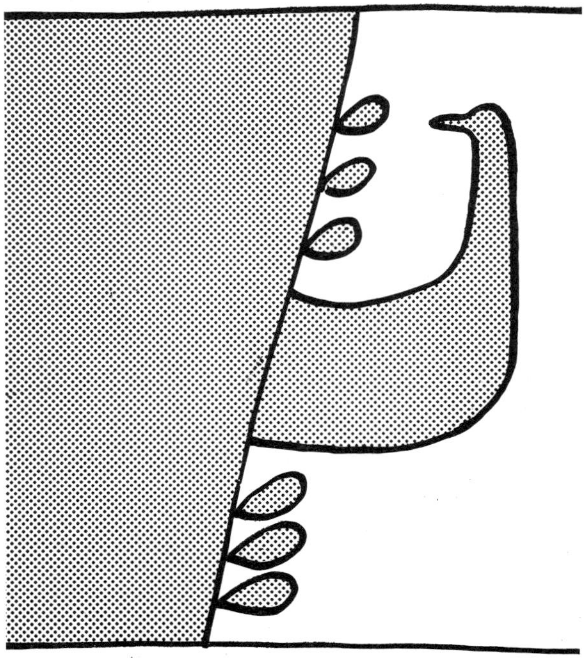

Schematische Darstellung eines Batik in Komplementärfarben mit Entwachsen

Erste Wachsabdeckung: Linke Bildhälfte, rechter Vogel, Blätter rechts. Danach rotes Farbbad.
Der gesamte Batik wird entwachst. Darauf folgt die zweite Wachsabdeckung: Linker und rechter Vogel, Blätter links und rechts sowie gerasterte Fläche rechts — wie angezeichnet (Rand stehen lassen). Anschließend blaues Farbbad.
Hintergrund links — wie angezeichnet — mit Wachs abdecken (Rand stehen lassen). Danach braunes Farbbad.

1

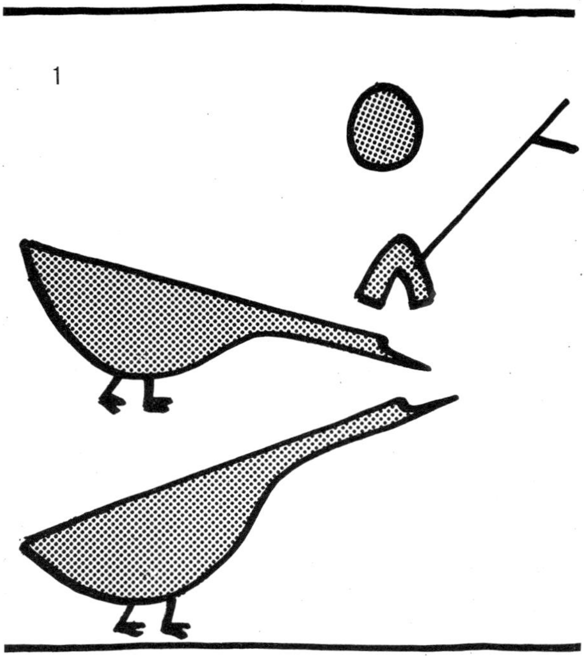

2

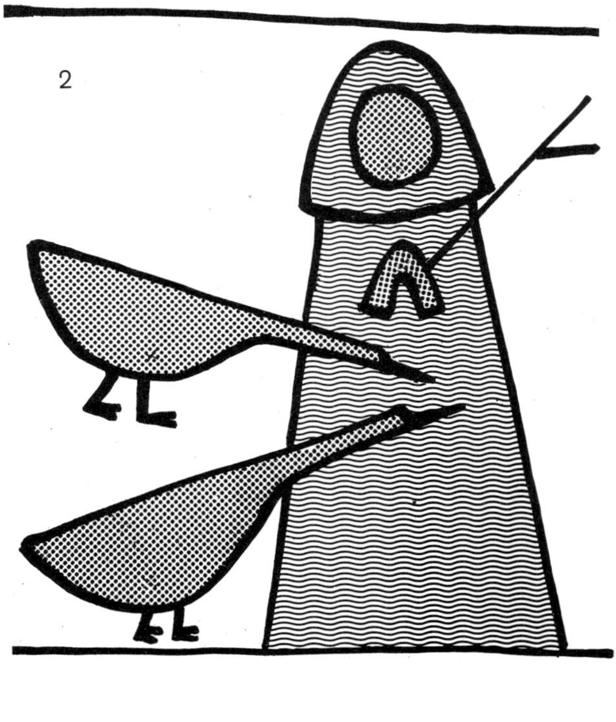

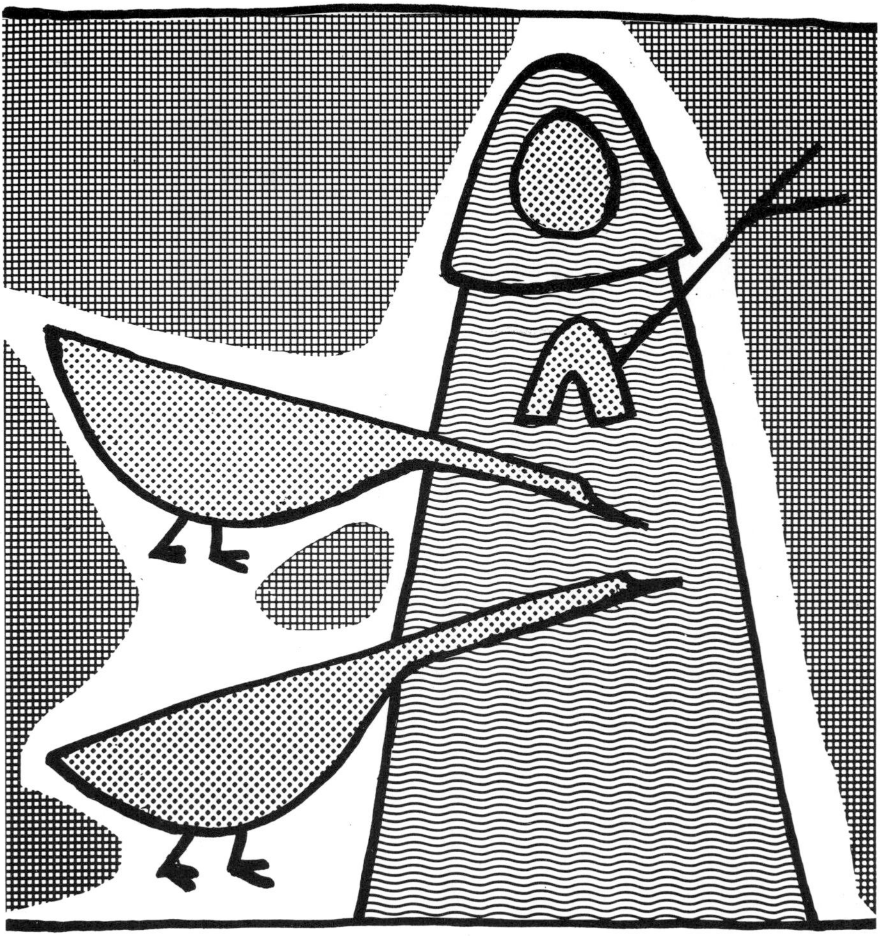

3

Schematische Darstellung eines Batik mit Entfärbe-Verfahren

1. Gerasterte Flächen und schwarze Konturen werden mit Wachs abgedeckt. Es folgt das rote Farbbad.
2. Teile, die rot erhalten bleiben, werden zusätzlich gewachst. Im Entfärberbad wird der rotgefärbte Hintergrund entfernt und kann anschließend grün gefärbt werden.
3. Schraffierte Teile zusätzlich mit Wachs abdecken. Es folgt das braune Farbbad.

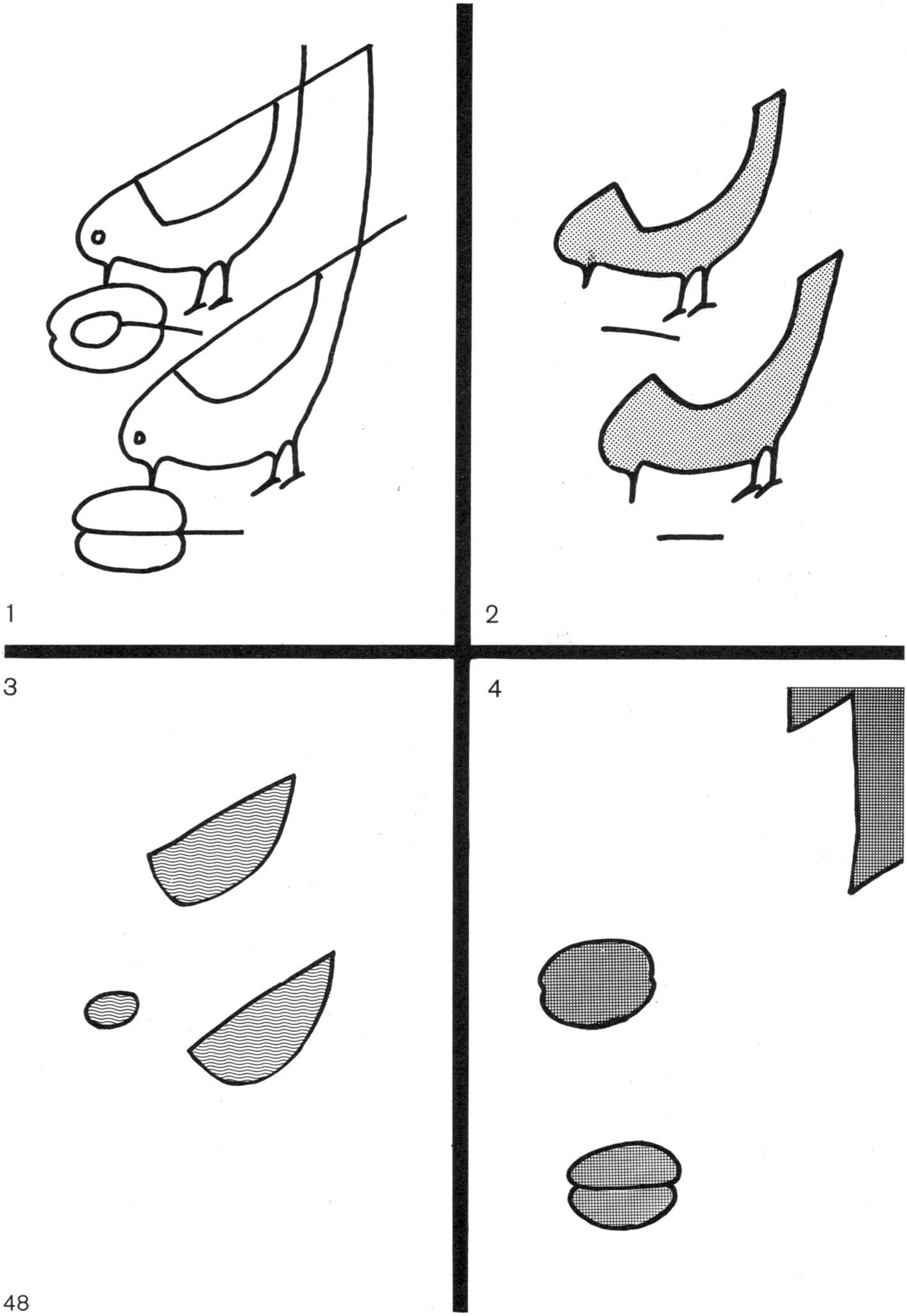
1
2
3
4

Südliche Häuser: Helle Farben, Grund Blau, dunkle Bäume.

60 cm hoch, 120 cm breit

Farbauszug

Hier wird an einem Beispiel gezeigt, wie man aus einem farbig angelegten Entwurf in Originalgröße die einzelnen Farben auszieht und auf den Stoff überträgt.

1. Verkleinerte schematische Darstellung des Entwurfs, der in folgenden Farben angelegt ist: Vogelkörper, Füßchen und Stiel der Frucht in Weiß; Flügel und Fruchtkern in Rosa; Schwanzenden der Vögel und Frucht in Hellviolett; Hintergrund in Dunkelviolett.
2. Ein Transparentpapier wird auf den Entwurf gelegt, die weißen Teile des Motivs werden herausgezeichnet, auf den Stoff übertragen und mit Wachs abgedeckt. Darauf folgt das rosa Farbbad.
3. Nachdem der Stoff gewässert und getrocknet ist, erfolgt die Übertragung derjenigen Teile, die rosa bleiben sollen. Sie werden gewachst; anschließend wird die hellviolette Färbung durchgeführt.
4. Hier wird die dritte und letzte Übertragung und Wachsreservierung gezeigt. Die nun folgende Färbung in Dunkelblau ergibt den Hintergrund in Dunkelviolett.

Besonders bei figürlichen Darstellungen darf man sich nicht in Einzelheiten verlieren. Je klarer und flächiger der Entwurf, umso besser entspricht er der Eigenart der Batik-Technik. Dieser Ausschnitt aus einem Batik zeigt, wie man am Anfang figürlich darstellen soll.

Entwicklung einer Batik

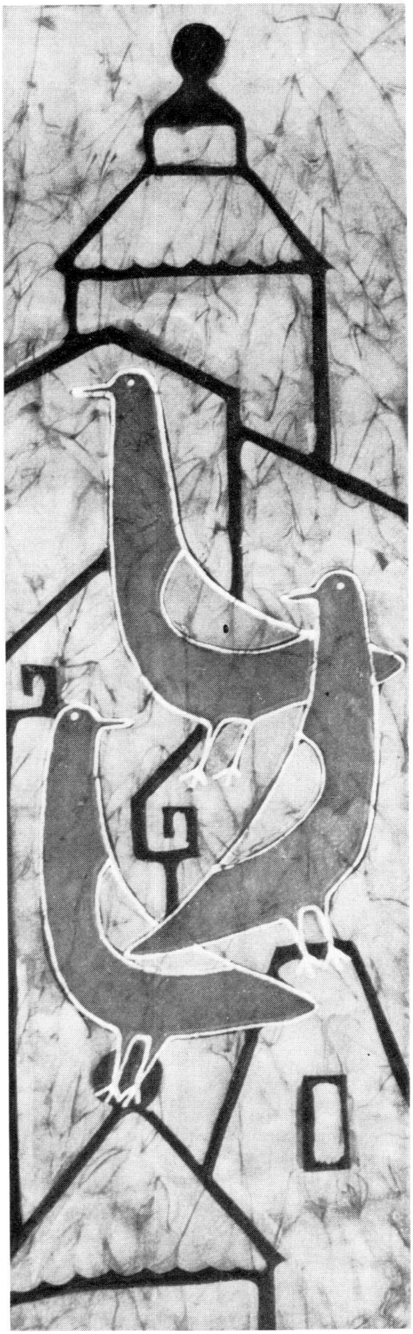

Unsere Vorlage, an der wir die stufenweise Entwicklung dieser Batik zeigen.

3 Tauben auf einem Dach bilden das Motiv zu diesem Wandbehang.
Originalgröße 34 x 109 cm.
Material Baumwolle.
Farbangabe zu diesem Entwurf:
Tauben:
dunkelblau;
Flügel hellblau abgesetzt;
Füße und Konturen weiß;
Gebäude:
die Umrißzeichnung ist dunkelgrün angelegt;
Hintergrund:
rot, belebt durch Sprünge.

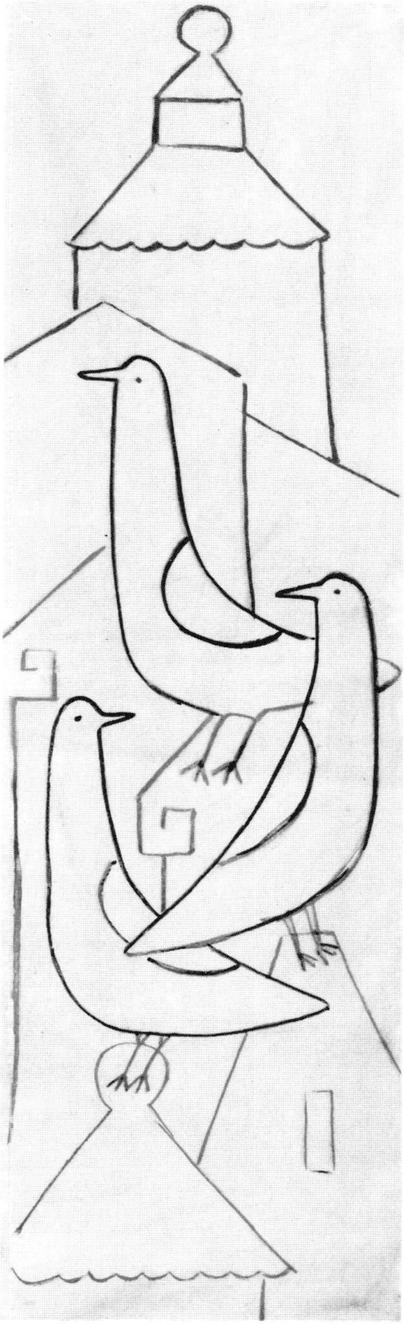

Entwurf auf den Stoff zeichnen

Zuerst macht man sich eine Ideenskizze in verkleinertem Maßstab. Bei schwierigen Entwürfen können Hilfslinien für die Übertragung gezogen werden. Dies erübrigt sich hier: man kann sofort Freihand mit einem Holzkohlestift dieses einfache Motiv auf den Stoff zeichnen. Der Stoff wird mit Nadeln gerade auf den Tisch gespannt.

Erstes Wachsabdecken

Die Tauben sollen hellblau gefärbt werden, deshalb wird der Hintergrund ganz mit Wachs abgedeckt. Zuerst wird mit dem Tjanting die Kontur um die Tauben gezogen, einschließlich der Füße, damit sie beim Färben weiß bleiben. Sodann wird der ganze Hintergrund mit Wachs bestrichen. Dazu wird ein Pinsel verwendet.

Erstes Färben: hellblau

Nun wird alles, was nicht mit Wachs abgedeckt war, hellblau gefärbt. Das Farbbad wird genau nach Vorschrift (steht auf der Packung) angerichtet. Wichtig ist auch die richtige Temperatur.

Der Stoff wird vorsichtig in der Farbflotte im Eimer bewegt. Dabei entstehen Sprünge im Wachs, durch die beim Färben mehr oder weniger Farbe eindringen kann. Bei diesem Farbgang sind sie nicht erwünscht.

Nach dem Färben wird gewässert und der Stoff zum Trocknen aufgehängt.

Zweites Wachsabdecken

Flügel mit Wachs abdecken, damit sie hellblau bleiben.

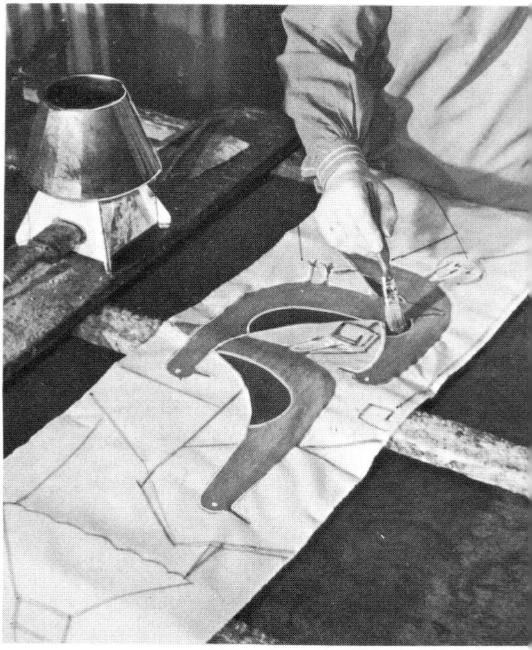

Zweites Färben: dunkelblau

Dunkelblau färben. Anschließend wässern und trocknen.

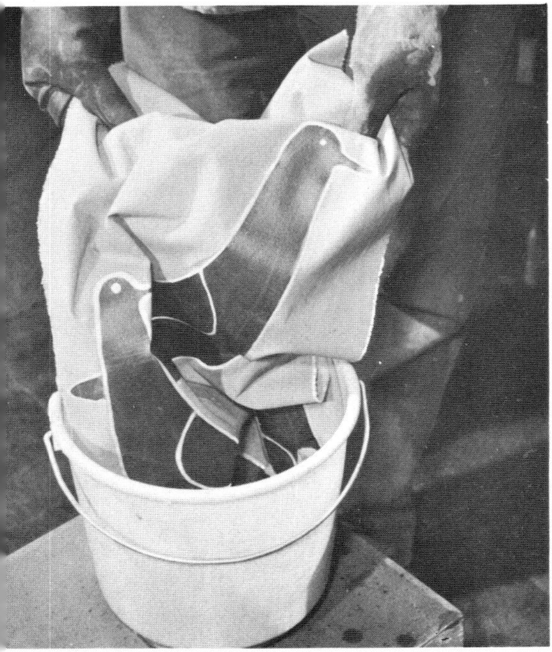

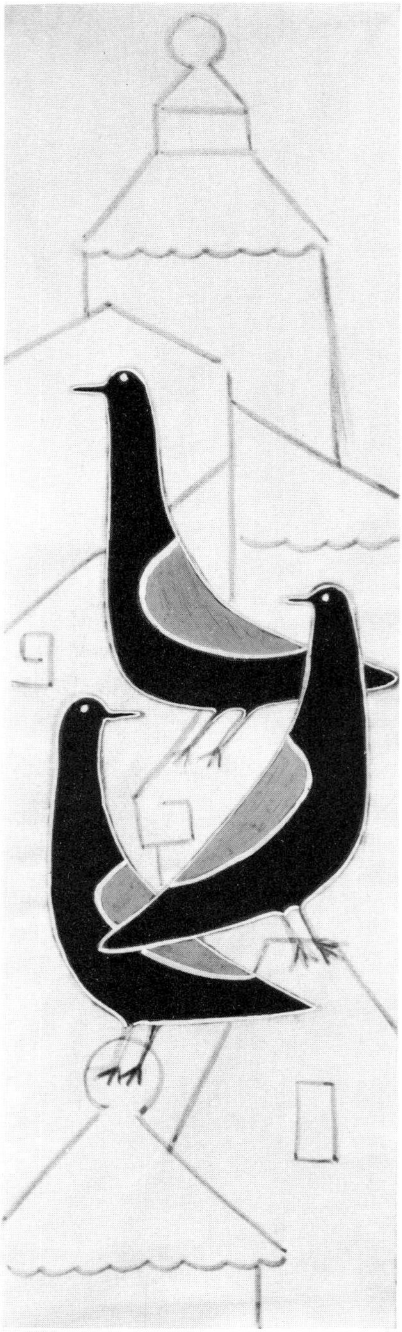

Alles Wachs entfernen

Den Stoff legt man zwischen saugfähiges Papier. Zeitungspapier, möglichst unbedrucktes, eignet sich gut dafür. Das Bügeleisen soll gerade so heiß sein, daß das Wachs schmilzt. Der Stoff wird immer wieder zwischen neue Lagen Papier gelegt und so lange weitergebügelt, bis alles Wachs entfernt ist.
Farbig sind auf dem weißen Stoff bis jetzt nur die Tauben mit hellblauen Flügeln.

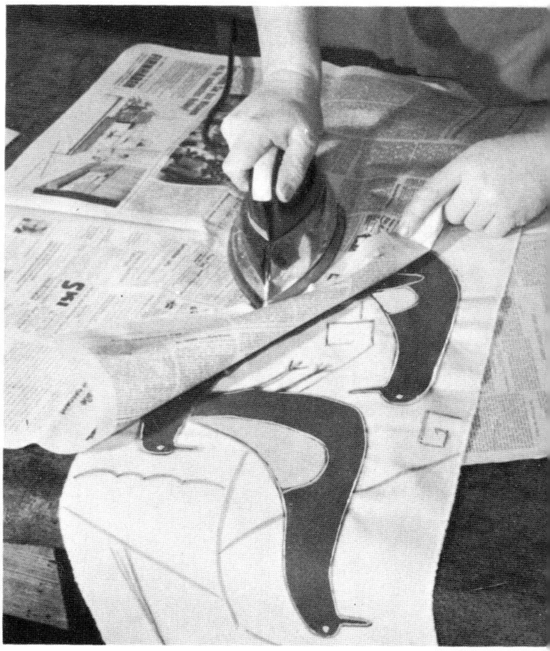

Drittes Wachsabdecken

Die Tauben werden mit Wachs abgedeckt. Ebenso die Konturen und Füße; beides soll ja weiß bleiben.

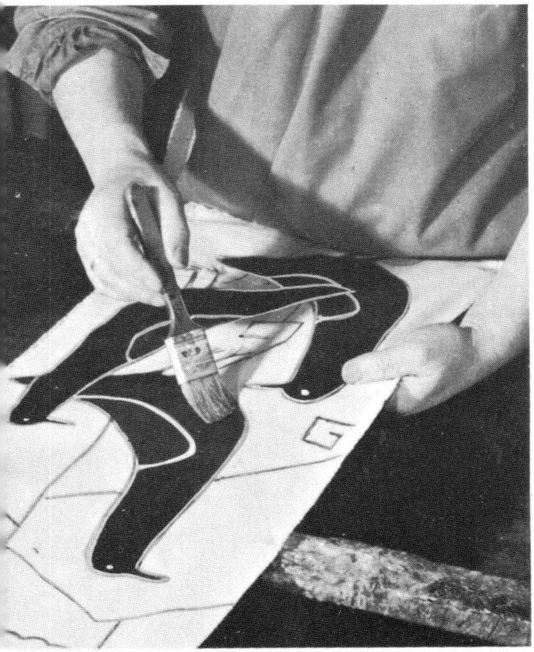

Drittes Färben: rot

Nun kann der Hintergrund rot gefärbt werden. Anschließend wird wieder gewässert und der Stoff zum Trocknen aufgehängt.

Die Zeichnung der Gebäude im Hintergrund bleibt weiterhin auf dem roten Grund sichtbar – nur unser Film vermochte den schwarzen Kohlestift von der roten Farbfläche nicht zu trennen.

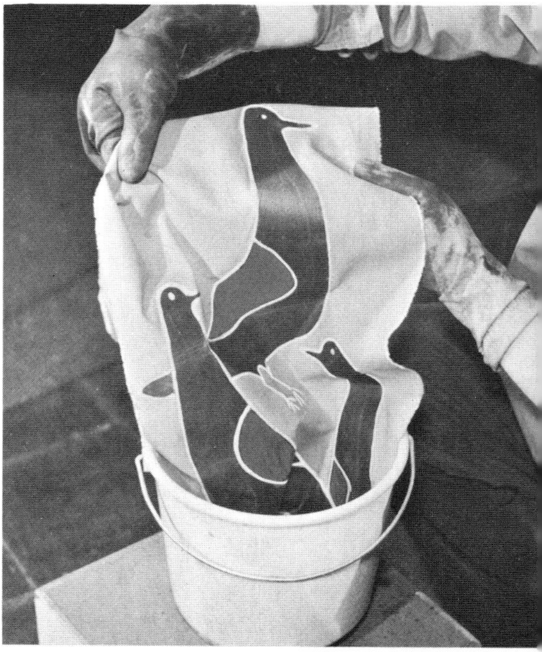

Viertes Wachsabdecken

Der rote Hintergrund wird mit Wachs so abgedeckt, daß die Konturen der Gebäude frei bleiben.

Viertes Färben: dunkelgrün

Die Konturen der Gebäude werden dunkelgrün gefärbt. Da auf roten Grund gefärbt wird, wirkt das Dunkelgrün fast schwarz.

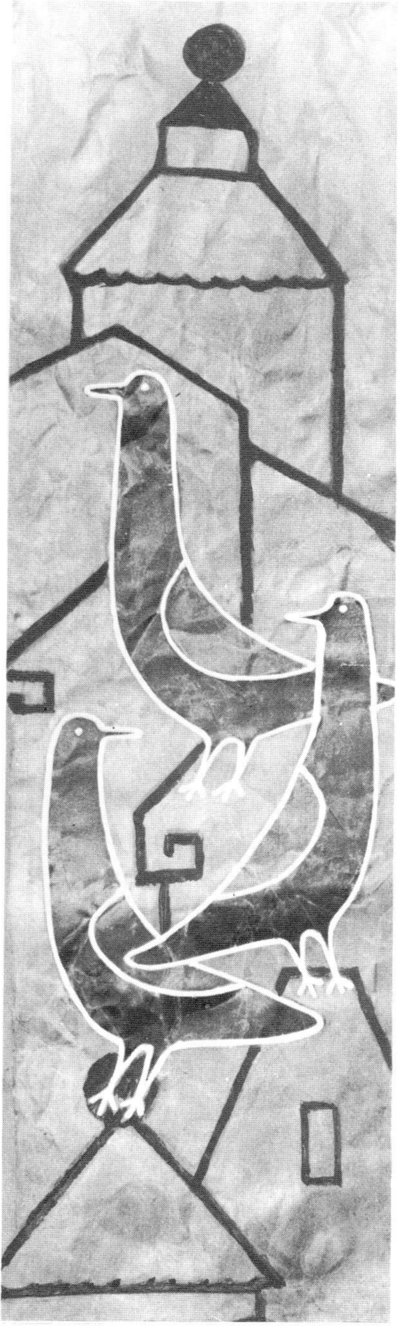

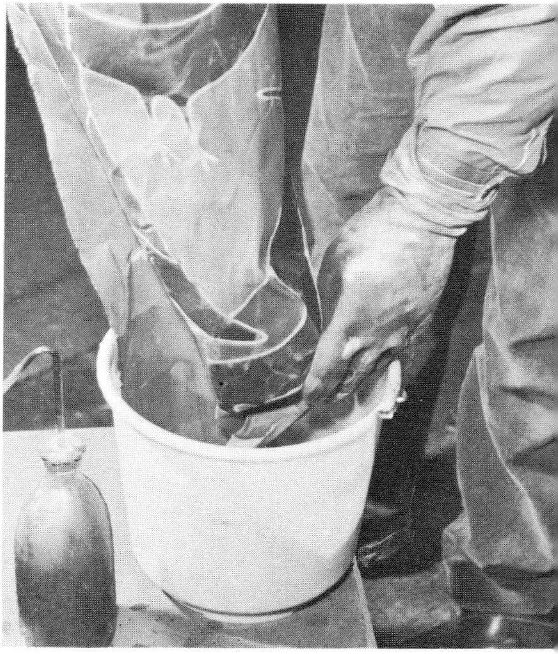

Wachs entfernen

Ausbügeln bis der Stoff wachsfrei ist. Beim letzten Färbgang entstanden durch die Risse im Wachs feine dunkle Linien auf dem roten Grund: das charakteristische Merkmal einer Batik. Die Stärke dieser Krakeluren kann man steuern: weiches Wachs bricht weniger, sprödes Wachs erzeugt mehr und breitere Sprünge.
Dieser Wandbehang, der nicht schwierig herzustellen ist, wirkt durch die Beschränkung der Farben und die plakative Behandlung des Motivs sehr dekorativ.

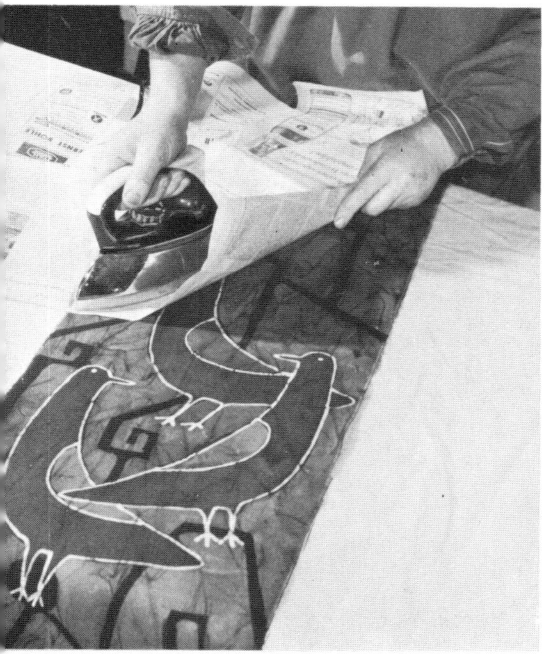

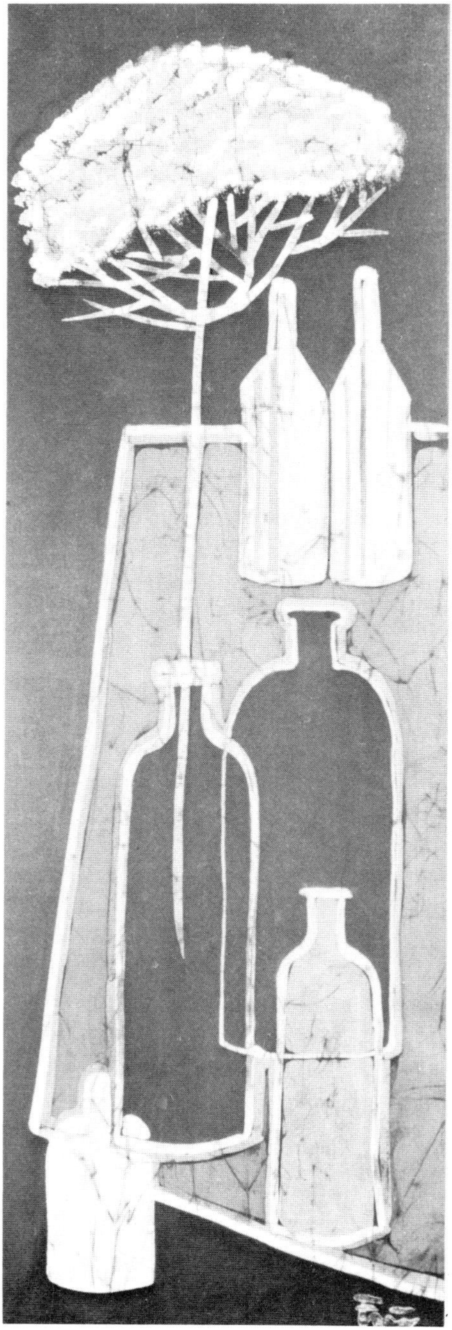

Häuser am See. Die roten Dächer spiegeln sich im blauen See. Noch dunkler ist der blaue Himmel, vor dem die Bäume stehen. Ein sehr raumfüllendes Motiv, das einem Zimmer eine besondere Note zu geben vermag.

Wir zeigen hier noch einige moderne Batiken, die zu eigenem Gestalten anregen sollen.

Abbildungen auf Seite 62:

Staude. Material Baumwolle. Größe 150 x 40 cm. Farben: Orange, Grün, Braun, Oliv, Gelb.

Stilleben. Material Baumwolle. Größe 120 x 45 cm. Farben: Dunkelblau, Orange, Gold.

Hinterhof. Material Baumwolle. Größe 90 x 105 cm. Farben: Bordeaux, Gold, Grün, Oliv. Auch hier wieder eine starke Beschränkung auf ein Minimum an Farbe und Form.

Großes Blumenmotiv. Ast weiß und teilweise auch die Blüten weiß. Helles Rot und kräftiges Rot, Grund zuletzt mit Blau überfärbt. ▷

Seidenschals aus dicker Japanseide. Vor dem 1. Wachsen Seide zart lavendel gefärbt

Farben: Lavendel und Blau

Helles Rot und dunkles Rot

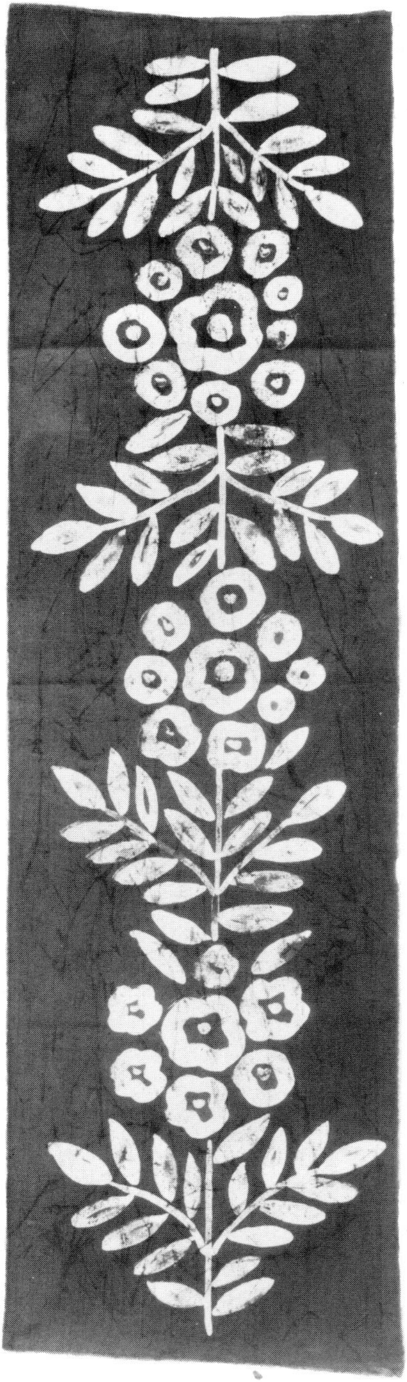

Tischläufer

Einfache Arbeit; Motiv weiß, Grund dunkelblau.

35 x 130 cm, Baumwolle

Quadrate weiß, Grund orange, Rand braun.
26 x 90 cm, Baumwolle

Kindermotiv 30 x 120 cm, Baumwolle Pinselkonturen, rote Wagen, Grund blau

„Raddampfer"
Tjanting-Arbeit,
dunkelblau gefärbt,
40 x 80 cm

„Zwei Fische" in Rosa-Tönen, Grund Blaugrün, 40 x 110 cm

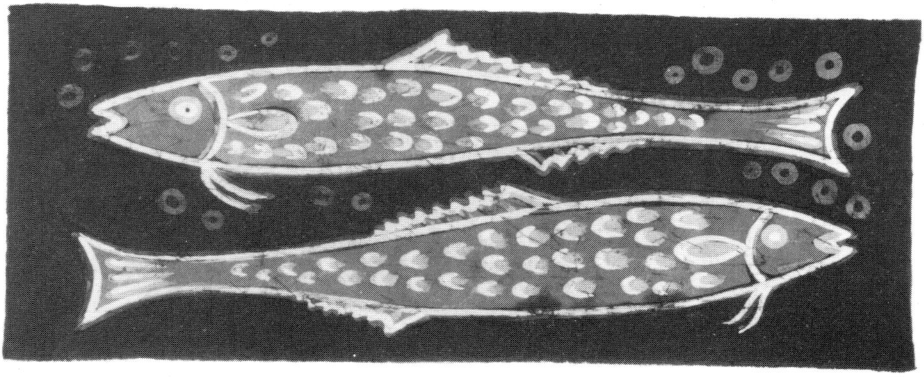

„Vasen“
Blüten mit Wachs nur gewischt, Konturen mit Pinsel.

1. Grund und erste Vase goldgelb
2. Grund orange
3. Linke Vase Bordeaux

60 x 140 cm, Baumwolle

„Hahn und Henne“
1. Ganzen Stoff sandfarben einfärben;
2. Henne mit Wachs abdecken;
3. mit hellem Orange färben und Hahn abdecken;
4. rot färben und Kamm abdecken;
5. über alles violett färben.

80 x 80 cm, Baumwolle

Das Buch von Anne Maile: „Dekoratives Stofffärben durch Knüpfen, Falten, Nähen und Abbinden“ ist eine wertvolle Ergänzung zu unserem Batik-Buch!
Knüpft, faltet, näht oder bindet man Stoff an ganz bestimmten Stellen ab und taucht ihn dann in ein Farbbad, so bleiben diese Stellen „reserviert“, d. h. sie nehmen keine oder nur wenig Farbe an. Durch zusätzliches Auftragen von flüssigem Wachs kann das „Reservieren“ verstärkt werden, so daß manche Partien völlig ungefärbt bleiben.
Diese Technik ist uralt. In Indien und in Japan kannte man sie schon im 6. und 7. Jahrhundert v. Chr. Die Javaner nannten das Reservieren durch Nähen „Tritik“, die Indonesier hingegen reservierten durch Abbinden – sie sagten dazu „Plangi“.
Das schwierigste Problem war früher die Beschaffung der Farbstoffe und die Farbrezeptur. Heute steht uns eine große Auswahl moderner Farbstoffe zur Verfügung, mit denen es sich leicht färben läßt.
Mit dieser Technik kann man eine Fülle origineller Muster mit überraschenden Farbwirkungen herstellen. Da sie leicht auszuführen ist und keine besondere Einrichtung erfordert, wird sie auch gern in den Schulen ausgeübt. Als Material eignet sich fein gewobene Baumwolle, doch auch Leinen, Kunstseide, feine Wolle und Seide aller Art kann verwendet werden. Die so dekorativ gefärbten Stoffe haben eine aparte Wirkung. Es können daraus Blusen, Schals, Kopftücher, Deckchen usw. gemacht werden.

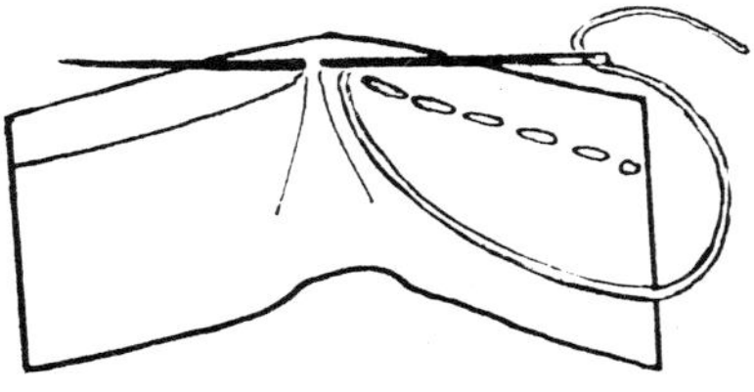

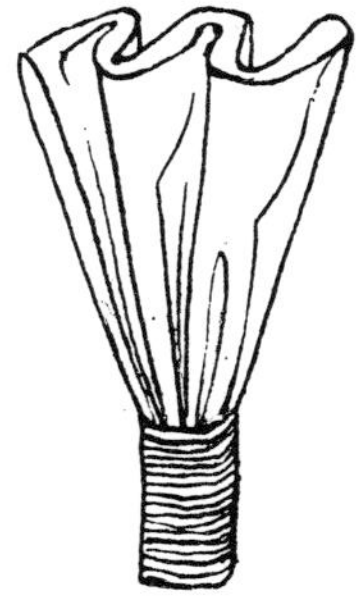

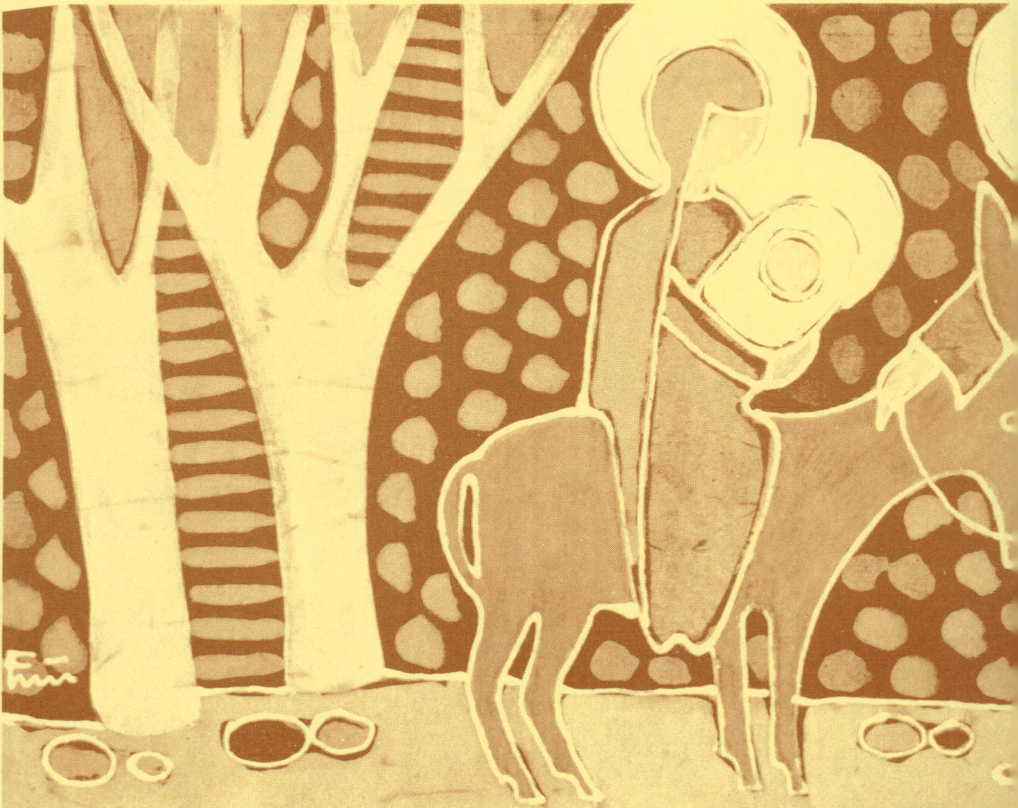

Einfarbige Wiedergabe eines vielfarbigen Wandbehangs.
Breite 150 cm. Material Baumwolle.